詩 與 遠 方

格律诗词自选集

一源 著

易文出版社 · 纽约

I Wing Press, New York

Published by I Wing Press, New York
iwingpress@gmail.com
January, 2025, First Edition, First Printing
ISBN： 978-1-961768-11-6

诗与远方 格律诗词自选集

一源 著

封面题字：戴 志
出 版 人：冰 寒
装帧设计：王昌华

出 版： 易文出版社·纽约
版 次： 2025 年 1 月 第一版，第一次印刷
字 数： 18 千字
定 价： $25.00

源兄禀赋特出，有德之君也。其作诗词常能于格度中入神韵、出妙辞，覃思而含章，理融而情切。大江东去，晓风残月，兼而胜场。

——思渊堂主

源兄不但在基因药物开发领域享誉海内外，对传承中华文化的近体诗词钟的写作也颇有深度和收获，此专集便是最好的见证。我与源兄虽一直以字交流，仍时常感觉到他的热情好客和慷慨大气。这也大概是他被昵称为"源帅"的由来。

——木易石

《诗与远方》赫然在目！星霜荏苒，烟波浩渺，海风十年有源帅！格律顿挫，鼓浪滔滔；诗情画意，氤氲古今。工作之繁忙让您脚印遍布大江南北，奇思妙想之诗句是您洒向这片土地的和子，您用它们把心与心拉近，让诗与远方交融。

"纷纷寒雪浅，片片报春辰。难使诗心冻，新篇洗旧尘"，耿耿诗心化冰雪；"为何梅傲雪，笑在冷中来。无叶琼枝蕊，方知铮骨开"，冰心香骨酬知音。春至也！您铁骨柔情，脚步锵锵且温婉，率《诗与远方》笑意盈盈来到我们身边！

——芊芊

远源兄文理兼通，中西合璧，新作付梓如芝兰盈室。集中诗词咏史裁云，抒怀镂月，对仗工稳见乾坤，推敲精微显匠心。既得少陵沉郁，复具子寿空灵，更以金石笔力铸诗钟雅韵。此集承古开新，气象万千，必如星火传灯，赓续中华诗脉。黄钟大吕之音，当启后学，泽被来者。

——蛐蛐（朱泽义）

一源，身材伟岸，相貌堂堂，初见即调侃如见伟人。以一理科高才，专攻高新科技项目，却于古典诗词方面颇有成就。其诗词作品既柔又豪，柔中有豪，豪中有柔，柔豪兼具，是因理科头脑，豪侠柔情之故否？读其作便知。凡相聚，聚必有酒，此吾于一源同道，幸也。

——海老（计冠光）

雨灵与一源老师相遇、相识、相惜于海风诗社，至今已有数载。是海风诗社构建了这座友情桥梁，是诗词连接起这段诗友之谊。而今知悉一源老师的诗作得以归集成书。倍感欣喜！

光阴流长里最能见人心和文心。一源老师的作品古今兼收诗、词并蓄文风沉稳温厚，读之如涓涓暖流沁人心脾。兼具学者之思与医者之心总是以诚相见，让一源老师这位诗者与众不同。身为晚辈，我时常敬其风骨仰其品德。

——邀嫣雨灵

自　序

　　光阴以箭。作为旅美理科博士（医学博士），我以诗词爱好者的身份，十年前加入了海风诗社。诗社是我诗词成熟、形成规范的港湾。在茫茫的诗词的大海中，海风使我沐浴着创作的阳光、空气和海景。在这严谨的治学环境下，律格诗词创作得到长足的进步；在堂主海渊与大编雨灵、木易石、芊芊（以上都是笔名）等的薰淘之下，大部分格律诗词的创作是在海风诗社完成的。这次发表的格律诗，98%是用平水韵，词则 100%按照词林正韵完成的，皆严格遵循格律。26首诗钟更是如此。在此感谢朱泽义诗兄的引领。

　　这次出版的250 余首诗词与诗钟，是从更多作品中，经过严格挑选而选编的，旨在对我的诗词爱好作一个阶段性汇报，亦为传承中华文化起抛砖引玉作用。

目　录

一　分类格律诗

（一）七绝 平起首句韵（平水韵）

1. 丰年

阳天冬木送年丰，

冷地香梅绘晓红。

乍现天光升旭日，

悠然福虎入新宫。

2. 昙花

香消一瞬尽折腰，

玉碎三更素瓣飘。

子夜凋零如落雪，

祈求怨洗佛心浇。

注：昙花一现，只为韦陀。

3. 重生

涅槃金凤现霓虹，

浴火祥龙羽化中。

萦绕菩提从佛树，

风生水起任惊鸿。

（拙题人岛教授《生命之火》大作）

4. 春泥

含苞枕雪傲梅仙，

风骨铮铮鞠在前。

只沐冰霜香暗送，

春泥化在艳阳天。

5. 红楼空

依稀红梦卧石头，

谁撒残花满玉楼。

粉黛余香阶上在，

坐听樱语露浇愁。

（红楼梦：原为石头记）

（二）七绝　仄起首句韵（平水韵）

1. 添竹

一夜春风送小桃，
早花无叶压蓬篙。
红肥绿瘦宜添竹，
好让诗心作剪刀。

2. 年味

梁吊腌鱼动灶炉，
柴门半掩饮屠苏。
笑中共换桃符挂，
袅袅炊烟闹夜厨。

3. 二泉映月

一抖胡琴落月霜，
弦随寒岁目无光。
谁知阿炳心酸事，
音抚哀肠几点伤。

（阿炳：艺人）

4. 艺苑忠魂

——郑忠画家作品观后感

掠岸潜波翠玉前，
悦心酣梦碧涛天。
一魂惊海青鳌起，
万物称臣巨浪边。

5. 祝母校112周年校庆

学贯中西校训尊，

身居北美喜临门。

百年十载拳拳爱，

共庆良辰哺乳恩。

注：爱与二谐音。

（三）七绝　平起（平水韵）

1. 醉

七星浴月催人醉，
夕露沾衣醒我杯。
子夜风窗帘动影，
幽然入梦故乡回。

2. 夏秋

青荷吐艳池边夏，
翠柳更衣岸上秋。
鸟语花妍风唤叶，
蝉鸣蛐唱水收楼。

3. 交响

微风吹散荷和水，

映月珠光夏与湖。

哇叫蛐鸣池不静，

秋声交响影中无。

4. 樱之梦

一方眷恋春泥染，

四处樱花遍地开。

惆怅暂埋心底里，

笑迎陌上暗香来。

5. 梦重阳

秋风勾起重阳忆，

霜露轮流洒菊廊。

酒敬双亲思父母，

点燃梦境又烧香。

（四）七绝　仄起（平水韵）

1. 江枫

岸染红颜花绛紫，

秋收五色叶浓妆。

千帆过尽江浮叶，

一片眠书伴墨香。

2. 雪后红梅

嫩雪白纱藏竹影，

琼枝冷艳卧松丛。

东君难解晨梅怨，

只等西阳一片红。

注：东君指太阳。

3. 凉意

骑岸清分云与水，
载舟枕浪橹和帆。
轻风阵阵飞重九，
凉雨丝丝忘下凡。

4. 倒春寒

四月春风下嫁冷，
百花不绽伴娘从。
暗香犹在藏身影，
恰是红梅被雪封。

5. 高人

嶺上叠峦缠厚雾，
海中涛浪洗蛮礁。
纵然遮掩逾千度，
不显真容仅半腰。

（五）七律　平起首句韵（平水韵）

1. 凤凰鸡（自嘲）

隔窗冷对白茫茫，

帘卷巢栖鸡凤凰。

薄雪消融沾紫气，

枯枝抱绿换新妆。

美西一梦方初醒，

故里繁花已绽香。

宁在浅池桃李育，

不潜深海捕鱼忙。

2. 端午节

滔滔汨浪桨含冤，
滚滚长江祭楚原。
满舸飞珠牵宿泪，
彻天呐喊震英魂。
糯粘华夏离骚恨，
米聚神州正气怨。
舟过涟漪虽退去，
一坛浊酒话无言。

3. 又重阳

秋寒赤叶抚重阳，

菊饰浓妆遍故乡。

浊酒推杯烧肺腑，

甘醇吐沁断肝肠。

正嫌旧照时光短，

却感峥嵘岁月长。

孤枕天涯思念去，

尊前闭目祭高堂。

（高堂：父母敬称）

4. 凤凰传奇

——叹蓝天女烈士余旭

凤凰金羽洒长空，

白鹤香钗上月宫。

玉兔挑灯温桂酒，

恒娥拂袖热参茸。

曾为子雀川灵鸟，

今入青松英烈丛。

仙女昙花开一现，

天将银翼换霓虹。

5. 尊师

——向老师致敬！

尊尊教诲课中栽，

数理人文种讲台。

扶马策鞭桃李送，

挑灯追月杏林来。

蚕丝吐尽添霜发，

笔粉成堆咽白埃。

铮骨一身谦似竹，

清风两袖雅如梅。

（六）七律　仄起首句韵（平水韵）

1. 仲秋触景

无意溪边一点黄，

隐闻陌上岸飘香。

曾为金桂云浮月，

现泛轻舟水渡乡。

秋叶含霜先饮露，

夕阳入景正扶觞。

苍天再赐三堆草，

老骥扬鞭到远疆。

注：扶觞～饮酒。

2. 家乡城皇庙

厚古盘通一水边，

濠东地醒八方泉。

红墙黛瓦千年道，

香火乡音万户连。

楼阁卧龙眠静海，

良宵彩树散春烟。

斋心牵挂城隍庙，

旧雨回眸掘井仙。

注：盘通～梳理。

3. 中学同学聚会

齐破鸿蒙共点灯，

同窗凝智漱清澄。

童真隐在红尘里，

忆旧开怀白发承。

弹指少年曾鹄志，

饱经风雪任龙腾。

田园归处人长久，

半世烟云一笑扔。

4. 弄鱼

赤鲤深潜动红腮，

北风吹冻静鱼台。

破冰催裂轻纱帐，

施饵兼除腊月苔。

一跃龙门期可许，

几番磨难暗中来。

不经三九严寒雪，

怎感梅香沁满怀。

5. 台风"格美"

云鼓齐擂万籁嚎，

风折夏木遍枝熬。

只求公主芭蕉扇，

却使青龙偃月刀。

走石飞沙摇四野，

银光掠影向天嚣。

翌晨满地黄金甲，

余悸之中暑已逃。

注：青龙偃月刀～关公大刀。

（七）七律　平起（平水韵）

1. 春来

扬子春妆眉一剪，

银波东去数帆开。

涛江五岭云遮影，

静海濠滨水绣梅。

风曳龙潭新绿岸，

雨敲玉塔古钟台。

放飞宿梦枌榆至，

恰是人间四月回。

注：枌榆泛指家乡，静海特指家乡南通。

2. 恩感中元

清池晓露晨林染，

疏石微斜竹径侵。

禅语听窗西照月，

檀香入腑沁薰心。

中元祭祖三支烛，

喜日天欢四湿襟。

尊影轮回均在盼，

一灯青处尽余音。

（四：四子女）

3. 发现

案眠叠纸沾尘页，

坐醒杯茶苦涩香。

雾脑地无清澈路，

闭眸天破点雌黄。

莫非海市蜃楼阁，

确是江边月桂廊。

倦意推窗皆扫尽，

挑灯沐晓写文章。

4. 情谊

天边仰望云消散，

枕上浮思月绕乡。

秋尽残风吹梦曲，

冬融滴水换春装。

凡尘过半为朋在，

浊酒当先送友航。

又是离愁屏走笔，

欲佘二两墨书肠。

5. 养心

湿寒岸畔繁花耐，

浅雾池边复梦来。

不拒端阳荷叶采，

更欢月桂郁金开。

素枝绽放尖头玉，

红朵鲜妍水上钗。

厌恶蝶蜂春夏扰，

浮生只筑观音台。

（端阳：端午节）

（八）七律　仄起（平水韵）

1. 春来迟

君问何时香化雪，

红梅冰锁枉眉知。

心祈寒尽升阳暖，

意在岚中晓月诗。

花嫁春风芳已许，

叶藏素阁绿来迟。

千帆侧渡芦苇荡，

百浪难冲岸柳枝。

2. 远方

心静抚琴弹锦瑟，

细流漱石击秋怡。

悠然信步千湖岛，

惬意舟游碧海涯。

白塔矜持潮岸守，

沙滩戏浪板帆移。

岩桥曲曲人兴景，

何处遥遥不是诗。

注：冲浪板～帆板；岩桥～美唯一天然石桥。

3. 绿绕

香满酌流江岸雨，
风摇曳树月边楼。
枫红菊茂溪中夏，
柳翠篱疏渚上秋。
尽染云移霞弄绪，
浅收露滴叶凝愁。
出行撞日观憧憬，
横渡青波泛一舟。

4. 感

松坐双溪青叶静，

门依一郭白云连。

日升紫气千楼火，

霞衬斜阳几袅烟。

晨现惊鸿飞水侧，

暮回喜凤落檐前。

鬓花露怯赊陈念，

酒浊乡愁话旧年。

5. 岁寒三友

月隐寒云明瑞雪，

花羞冷岭暗梅风。

地被白白绵山岳，

天冻皑皑潜雁鸿。

疏影冰依摇翠竹，

卷帘斜枕望青松。

苍穹掠日须晴放，

三友临窗雅院中。

注：岁寒三友指松、竹、梅。

（九）五绝　平起首句韵（平水韵）

1. 暑立秋

炎中煮立秋，

户外热烹愁。

处处骄阳焰，

纷纷铁扇求。

2. 梅入小暑

雨频云聚盒，

风暖湿收温。

何处居无热，

甘霖水一盆。

3. 择航

槐疏夜月幽，
竹寂立篙头。
坐断江东疫，
何时再泛舟。

4. 迟春

偏舟水碧蓝，
绿岸叶斑斓。
冷对桃花艳，
横眉春倒寒。

5. 点红

金蝉披羽衣,
夏去动秋祺。
弱唱无踪影,
方知季式微。

（式微：减弱）

（十）五绝　仄起首句韵（平水韵）

1. 共雪

碧水静瑶池，

东风化玉诗。

凝江谁与共，

浊酒与良知。

2. 盼春

冰破一湖明，

云消两岸晴。

何言春水远，

大雁已南行。

3. 如梦

月笑一冰轮，

云开百片鳞。

银光临暮野，

子夜念凡尘。

4. 阅旧照有感

抱子看元宵，

凝天尽路遥。

圆亏非本意，

满月令人骄。

注：生日旧照。

5. 沁心肺

海阔出东君，
滩平入紫氲。
细风撩肺腑，
天地洗心云。

（十一）五绝　平起（平水韵）

1. 养心

晨枝知晓露，

菊蕊滴霜融。

秋入一壶酒，

心平百绪空。

2. 冰心香骨

为何梅傲雪，

笑在冷中来。

无叶琼枝蕊，

方知铮骨开。

3. 诗心

纷纷寒雪浅，
片片报春辰。
难使诗心冻，
新篇洗旧尘。

4. 光

海宽光远闪，
天阔射遥空。
电掣临千岛，
何时映彩虹。

5. 鬓已霜

竹帘遮早雪，
琼色已沾台。
一恍床前镜，
霜花映鬓来。

（十二）五绝　仄起（平水韵）

1. 共元宵

江海升明月，
青瓷映小圆。
碗中思父母，
往事忆如烟。

2. 雪报春

残雪红花笑，
倾城白玉人。
出墙非任意，
只报一支春。

3. 又中秋

烟去青山在，
轮回玉兔前。
欲描千里月，
先共一婵娟。

4. 忆

古朴陈楼叹，
银框已染尘。
年经多少事，
鹤去忆亲人。

5. 浮云

穷目青天远，
奇峰碧海分。
雾浓千百度，
终是一浮云。

（十三）五律　平起首句韵（平水韵）

1. 古城飞檐

青砖壁茂苔，

瓦旧古梁裁。

仰望寻龙首，

低思觅凤台。

文峰檐一立，

天顺寺三开。

宝地出江海，

高阶送秀才。

2. 雨谷情

蘩花裹玉珠，

竹笋剌茱萸。

春月和风沐，

龙年谷雨濡。

鸿蒙新入酒，

小米失屠苏。

云裂中天日，

何时饮一壶。

注：鸿蒙为华为自主研发的操作系统，超越小米。

3. 七·七事变

凄凄事变今，
惨惨刺吾心。
国耻催人痛，
冤仇续代吟。
前车行此鉴，
后世警其淫。
带水衣中泪，
焉能不湿襟。

4. 夏至

禾青雨露孤，

荷叶滚如珠。

不见林中影，

禽藏翠岸芦。

帆稀轻舸过，

浪涌浅潮无。

云落远银闪，

惊雷临阵呼。

5. 秋祺

天青伴紫阳，
霜露润茶香。
一片悠闲柳，
几波荡苇秧。
五山风滤叶，
静寺雨淋墙。
夏末温犹在，
秋声始渐长。

（十四）五律　仄起首句韵（平水韵）

1. 雪妃

——雪人照趣作

慈目掩心扉，

琼花拥冷妃。

妆浓红杏小，

润满大唐肥。

一袭相思雪，

几时白马围。

东君何日至，

抱得美人归。

2. 品茗

小火叶翩跹，

青瓷水若仙。

斜倾泉直落，

香绽茗随烟。

初入先云苦，

飘芳后化鲜。

春秋君子在，

笑付两重天。

3. 新冠叹

张口一封喉，

方圆万户愁。

猴王全不信，

施主任天游。

待兔寻三窟，

驱瘟泛五州。

东西金棒舞，

南北筑高楼。

4. 玫瑰吻月

吻月一枝玫，
桃符更运台。
神寅除夕去，
玉兔拜年来。
窃见福先晓，
签抽事后猜。
苍天驱百瘴，
日出雾江开。

（瘴：病毒）

5. 古寺行

古寺入茅庐，
层林衬日初。
处幽通曲径，
临石写天书。
鸟唱青松悦，
心开万物梳。
含惊收地籁，
禅意醉仙居。

（十五）五律 平起（平水韵）

1. 玄门

雨丝帘似见，

风片院微鸣。

石静围幽景，

滕青盼晚晴。

坐禅千物净，

面壁百思清。

人念玄门近，

香撩佛主明。

2. 故居

孤凝帘唤月，

叠起柳成琴。

小景芙蓉笑，

东廊旭日临。

西窗云万里，

东岸雨千音。

倚册人依旧，

凭栏独自吟。

3. 故里

双溪青叶静，
一郭白云连。
紫气千楼火，
斜阳几袅烟。
惊鸿飞水侧，
喜凤落檐前。
情怯人长久，
乡愁话旧年。

4. 宽心

水寒荷叶小，

月缺瘦成梭。

新绿远红杏，

昙花为一陀。

东君瞳日照，

天际淡云和。

尘世难如意，

何求总是歌。

5. 庆祝"八一"建军节

长堤号角吼，

赤胆万舟雄。

旗插金陵府，

舸奔上海东。

涛涛如破竹，

阵阵似旋风。

穷寇一湾尽，

莺歌贺大同。

（十六）　五律　仄起（平水韵）

1. 咏建军

——写在建军九十五周年

常问先贤事，

烟熏血染泥。

众含华夏泪，

军挽九州凄。

国耻英魂洗，

民安铁甲齐。

旌旗飘永久，

南北与东西。

2. 重游杭州

繁叶斜飞嶺，

枝花独静幽。

惊鸿任雅舸，

潋滟泛偏舟。

西子轻妆抹，

雷峰绿涧求。

苏堤何处在，

依旧泻清流。

3. 闲瑕

远阁临江渚，

偏舟泊紫薇。

群山遮锦帐，

渺水似罗衣。

望月和风起，

凝天夜露稀。

枕涛听促织，

酣梦两相依。

（促织：蟋蟀）

4. 菊思

秋茂东篱菊，

堤长柳月荷。

昙花孤夜怨，

野草复晨歌。

鸿雁欢南北，

神州稳世和。

天高云易散，

海阔水连河。

5. 咏白莲

云雀仙妍绽，

麒麟落羽金。

香莲开半月，

如意唤全林。

普渡观音驾，

慈悲法海临。

只求披素裹，

洁白静千心。

二 原创词

（词林正韵）

1 章台柳·岁寒三友（三首）

（一）松

寒不屈，松针屹。敢入青云刺琼雪。
一啸层林驾北风，独指天涯险峰绝。

（二）竹

迎雪鞠，虚心竹。腊月青衣雪中绿。
俯首迎宾节在身，碎骨掏心一声祝。

（三）梅

香骨洒，梅花雅。雪后春来暗香洒。
剪插瓶中沁客房，墨泼丹青入堂画。

2　卜算子·失宠

梅出千叶炎，小暑斜荷怅。

憔悴芙蓉望水忧，失宠空无望。

枉秀凌波娇，何处青纱帐。

陌上行人别恋中，意在芭蕉上。

3　后庭花破子·望飞

望遍碧池塘，又思一谷长。

远隔洋思念，边关几断肠。

桂花香。月圆花好，何时佛跳墙。

注：此处谷指硅谷。

4 采桑子·重阳

云依松静秋篱艳，

何处消魂。

何处消魂。

就在家门、

明月众星尊。

花开宅紫陈楼聚，

共祝同根。

共祝同根。

香火长存、

父笑鞠容温。

（句：2和3与7和8要重叠）

5 醉花阴·又重阳

霜雾一来晨似雨。又醉重阳度。
何必等金钟，午日风和，垂滴思先祖。

酒流寸寸肝肠抚。红烛和醇煮。
明月挂天伦，香火连情，独上西楼处。

6　江城子·欲航二首

（一）

静海濠滨暑中烦。一滩湾。柳枝蛮。

玉树临风、碧水淌潺潺。流逝光阴不复返，肝肠
欲断，枉凭栏。

（二）

惊闻江上百帆悬。断其怨。任狂澜。

急上江亭、涛斩郁心酸。破浪乘风终有日，人在
岸，意翩迁。

（静海：南通）

7　天净沙·寒流

琼珠轻落滩涂。

玉台时正冬湖。

空枕春天梦如。

飞花银树。

钓寒江雪边鲈。

8　朝中措·点红

回眸含笑小红尖。湖色枉前嫌。

菡萏悄然孑立，沿池赏此荷仙。

叶纹沥雨，几经曲折，夺目光纤。

肥绿点红一现，婉如幽梦穿帘。

（菡萏：莲花）

9　海棠春·绽春

曲腰忍辱凌三九。

半枕首、

临窗枯柳。

冷木嫩芽收，

今出长樱手。

笑迎脂月依寒友，

梦已醒、

天长日久。

已绽难回眸，

一世何怀诱。

10 乾荷叶·墨香

乾荷叶，影茫茫。月倚西楼望。

赏书香。近文房。花沾翰墨扑罗窗。画晓松脥淌。

注：松脥～古代墨一种。

11 定风波·正月品茗

隔岸朦胧雨雾仙。欲餐云月碧湖边。

近水偶逢杯里展，修禅，叶香流向古诗前。

静付宽心随茗去，邀兔，下凡之日入茶轩。

二两盛情仙女领，同庆，嫦娥一饮洒甘泉。

12 贺新郎·梧桐

又止连绵雨。望星辰、东方拂晓，祥云飞渡。

今日繁花迷人景，独上西楼遥注。

足以慰、春风莺舞。

昔日凝思明月影，暗尘阴、白往登云处。

愁又怅，顿无语。

云光开处晴初露。艳阳天、鱼舟摇橹，万帆惊渚。

飞尽梧桐来回路，思筑归巢四顾。

莫怅望、东西今古。

水溢池塘何需满，雨兴潭、已越千山渡。

俱进也，何愁误。

13 忆江南·江畔

风绕柳，

一望碧山晴。

江咽轻涛纹不尽。

帆升斜日月长明，

双浪共丹青。

（双浪：前后浪）

14 江城子（苏轼韵）·阴阳天

岸边翠柳仁风煎。梦桃园。月中船。

顺水长流，赞敢为人先。

怯步临门迟相见，罗窗影，绣花颜。

聊斋一现断琴弦。

长墙边，古楼前。禽兽攻冠，何奈艳阳天。

南雁终归春复暖。多晴日，采红莲。

注：回眸新冠抗凌，恶梦一场。胜读聊斋志异。现柳暗花明。

15 虞美人·元宵

香回润糯温心碗。旧味终难剪。扶腮片刻尽思娘。母问愚儿长短。又添汤。

元宵月影尊容远。慈母祥云显。举头凝月拜婵娟。何日轮回如愿。共汤圆。

16 《小重山》·犹豫

几月长阴扫一清。暗云飘欲尽、日须晴。

飞来喜鹊任娉婷。树欲静、伯乐仄平鸣。

愁起梦难平。心随思所在、履难行。

窥眸墙外遍红樱。言难尽，眉枉皱纹凝。

17 喜春来·等

推窗晨雾时常有。望远朦胧不见头。

独掀罗幕扫千忧。莫念愁。明月静中求。

18 浣溪沙·端阳

隐月朦朦似见幽，雨丝滴滴怨和愁。

屈原无奈汨江投。

难泯大夫骚久在。龙舟奋水扫残忧。

端阳粽聚一神州。

注；端阳～端午。

19 菩萨蛮·忆当年

——庆祝"六一"儿童节

此时最忆旌旗到，数排幼颈红巾俏。持鼓过天桥，举眉动嫩腰。嚓声冲日抱，桃李杏仁小。社稷拂春潮，而今白发飘。

（社稷：国家）

20 清平乐·梅天湿困

雾朦拂晓，晨鸟临窗叫。轻裹薄帘随身跳。
欲拭梅天潮扰。
胧月遥遥天边。沉思往事如烟。欲把忧心揉碎。
恰好浴雨成仙。

21 花犯·腊月疫怅

（壬寅腊八）

腊香归，瘟神弥漫。寒潮急呼啸。

弱儿耄耄，欲觅药无门，忍痛缭绕。

关情动处嗔难少。琼花春眇眇。

饮怨盼，时逢腊八，容颜憔悴了。

天知地知梦无垠，何时紫气现，安民怀抱。

看粥冷，和谁共，全民焦躁。忧三代，下承上老。

祈日艳，驱冠邪尽扫。

升旭日，人间正道，花开春必到。

22 长亭怨慢·旧居

夕阳艳。秋声依旧，横泊偏舟，叶如繁绣。

一袭轻风，满庭怀小院香诱。

旧花陈蕊，金素裹，如秋柚。

竹倚雅梅生，叶茂盛，绿肥红瘦。

春又。院中松竹绿，骄日薄云兼秀。

丝丝细雨，润其也，只期长久。

俱往矣，鹤去空楼，尽回忆，似同心藕。

忘返小楼边，往事不堪回首。

23 十六字令·云（三首）

云。

淹石吞峰漱静魂。

窥其滚，

坐看任氲氤。

云。

海上扶摇遮月君。

凭栏饮，

似醉不知因。

云。

天际祥龙降伏寅。

扬眉见，

倚剑指群伦。

24 如梦令·气候（四首）

（一）雾

江柳含珠欲诣。

水面鳞波潋滟。

残月雾朦朦，

旧影未还又欠。

思念。思念。

最是清明独感。

（诣：诣媚）

（二）霜

孤盏青灯深巷。

映月残荷荡漾。

独处倚窗时，

似有蝉声浅唱。

霜降。霜降。

斜枕凡尘长想。

（三）露

月影寒枝高处。

片忆乡愁无语。

帘卷一窗红，

硕果吞花沾露。

秋绪。秋绪。

满满思春归去。

（四）风

窗溅晨曦露水。

滴醒朦胧微醉。

一叶映朝晖，

最忆乡情旧岁。

摇曳。摇曳。

共沐春风迤逦。

25 鹧鸪天（三首）

（一）梦

暮色呜啼落冷楼，人间四月为凉忧。
繁云薄日迁霜月，多雨浮岚滴泛舟。
暗云梦，一帘幽。夜寒斜枕裹罗裘。
晴来春晓终为梦，雾里迷思绪似秋。

（二）愁

雾引迷津绪似秋，霜沾鬓角镜传忧。
寒冬傲雪吟三友，仲夏凌波赋一鸥。
风雨漱，露霜流。时光荏苒叶知愁。
望江亭上千帆过，池畔塘边独上楼。

（三）醒

池畔孤楼近月塘，吐珠新绿岸传长。

烟花四月飘花絮，雨意连天洗紫琅。

老藕断，细丝长。春蚕吐尽破东房。

枕涛冲浪沿江渚，一叶轻舟闯五羊。

（五羊：广州。紫琅：狼山，喻南通）

26 沁园春二首

（一）龙抬头

初探龙须，睡眼挑眉，斜枕悟屏。

望月霜收尽，东方拂晓，云长掠景，气壮河清。

天地乾坤，冥冥造化，据此难平未了情。

今伊始，重备鞍无惧，万里须晴。

诸难共袭营营。复登岸、长风浪击惊。

有案头千卷，沉浮谁主，迷津指点，枯木还青。

披挂应时，长樱在手，笑傲心中难念经。

与时进，顺长江滚滚，吾素吾行。

（二）壹城

扬子濠滨，十里秋波，千里海江。

品壹城风貌，明砖清瓦，状元立业，张謇家乡。

八小名山，狼山塔寺，极目吴天苏锡常。

登山顶，望新城美景，耸立朝阳。

苏通天险过江，大桥架，人人皆喜洋。

觅人文古迹，蓝花扎染，沈氏通绣，华夏无双。

辈出新人，状元及第，历届皆为通中郎。

中秋夜，泛舟游水系，沸沸扬扬。

注：壹城～南通。

27 浣溪沙·心境

旷野阳澄一望晴，陌边远眺太湖明。

蟹黄膏白浊醇轻。

淼水依然浮万皱，数帆欲熨细涛平。

吾心早已立潮行。

注：阳澄～阳澄湖。

28 临江仙·宽心

桃溪待月幽连水，

连荫叠石余晖。

漫阶斜日陌人围。

扇摇闲步绕弯回。

意欲春风吹佛意，

漱街濛雨微微。

芸芸尘世笑天垂。

把云掰裂任君飞。

三　原创诗钟

（中联会诗钟分会出题）

1　钟题"起·云"一唱

云遮秋月思孤影，
起雾春江锁众舟。

2　钟题"路·兴"二唱

夜兴弯月锄遥暮，
开路东君崭近岚。

3　钟题"寒·竹"三唱

独钓寒江三寸雪，
空闲竹篓一心禅。

4 钟题"玉·花"四唱

荷叶拥花青色碧，

芙蓉似玉粉颜红。

5 钟题"武·宫"五唱

一生不羡宫中树，

半世消遥武林滩。

6 钟题"陌·壶"六唱

千里尘沙留陌上，

一杯浊酒尽壶中。

7 钟题"水·梅"七唱

嫩柳池边依碧水，

老桩骨里吐香梅。

8 钟题"涵·一"(1~7唱)

（1）涵空映水群楼远，

一海掀涛独塔遥。

（2）暮涵点烛求菩萨，

遂一烧香敬佛尊。

（3）圣者涵容行四海，

小人一气怨三秋。

（4）水岸海涵收潋滟，
　　　月池专一滴涟漪。

（5）东君洒岸涵天雅，
　　　旭日升江一水红。

（6）碧海叠纹掀一浪，
　　　清风拂面沐涵波。

（7）顶天执笔先书一，
　　　立地学文晓海涵。

9　钟题"伙食·差"分咏

三军餐露千肠辘，
一将封王万骨灰。

10　钟题"汤·师爷"分咏

壶煎仙草回春水，

心供神医祭华陀。

11　钟题"梅·柳·千"勾股格

春晓梅林长百里，

絮飞柳岸绕千株。

12　钟题"玉·心"魁斗格

玉帝堂前风韵貌，

贵妃宫后忌疾心。

13　钟题"春·秋"明晦格

银灯守岁春生喜，

金桂飘香月自圆。

14　钟题"病·莺"晦明格

虽依竹杖呻吟叹，

仍盼莺笼浅唱声。

15　钟题"柳·含·烟"小鼎格

柳岸含珠流翠滴，

炊烟远眺袅翩跹。

16 钟题"架·庐"蜂腰格。

明修栈架飞秦岭，

暗渡村庐到陈仓。

注：明修栈道，暗渡陈仓。

17 钟题"张·壁"蝉联格

驰松独转奇山壁，

张叶群翩丽水莲。

18 钟题"震·云"鸢肩格

心逢震憾三秋在，

目过云浮一点无。

19　钟题"泼·雪·泉"鸿爪格

水帘洞口清泉挂，

山涧泼流雪滴溶。

注：花果山。

20　钟题"听·音·湖"鸿爪格

点月湖心波皱水，

传音山谷石听声。

四　原创诗词组合

（仅标明新韵，平水韵及词林正韵不再标注）

诗词组合（二首）

（一）七律 祝贺党的生日（新韵）

湖心舟泛暗流急，

遍地腥沙万念西。

怒吼嘶声凝众起，

睡狮建党唤民集。

百年国耻英雄洗，

永世繁荣赤胆依。

华夏江山齐盛典，

神州红浪仰旌旗。

（二）如梦令·佳境

静海一围诗境。谈笑风声入兴。

适似小兰亭，天降良机必应。

佳境。佳境。

共享良辰美景。

注：静海~南通。在家乡共庆党的生日。

七绝组合

荷塘四季（四首）

（一）春

含苞翠绿粉荷头，
映月瑶池春满楼。
硕叶仙盘珠跳雨，
赏心怀诱尽回眸。

（二）夏

荷花一绽应千酬，
含粉幽香暑立头。
不染污泥清与雅，
喜怀莲子腹中收。

（三）秋

寒风无奈惹荷愁，

霜洗香魂骨化舟。

承让竹松梅傲雪，

坦然谢幕鞠深秋。

（四）冬

铮骨微斜一首歌，

寒中傲雪立残荷。

不言美貌曾经有，

甘化浮雕笑冷波。

五绝组合

西湖美（四首）

（一）

木翠岸中绿，
湖宽水里亭。
北风迎肆雪，
皑白入丹青。

（二）

雪后花春意，
湖前木素心。
絮飞枯柳绿，
枝曳已成荫。

（三）

碧浪岸牵林，

江心客弄音。

西湖风月景，

只在梦中寻。

（四）

嫩丝垂柳絮，

流水曲桥边。

西子春风景，

东坡一线天。

（西子与东坡：分别代表杭州的西湖与苏堤）

七律组合

期待（四首）

（一）等

季吹陌上阵风飞，
塘冷霜珠玉韵晖。
正怨荷初嫌碧瘦，
悄然叶展返青肥。
水中浊染污泥入，
池面清新洁净围。
待到芙蓉争艳日，
还君秀色忆春归。

（二）聚

凝眉孑立独枝荷，

经雨孤行踏碧波。

何处瑶池无伴侣，

夜间闺帐共婆莎。

绿衣带水浣银月，

青叶相依荡玉梭。

并蒂争妍和梵曲，

凭栏合掌谱新歌。

（三）迎

三月春风止雪飘，
日催幼嫩弃枯条。
心牵赤胆薄冰渡，
镜照霜丝鬓发浇。
季卸冬装云绣裹，
雾消远岸景妖娆。
踏青依旧陈年履，
已见峰高露半腰。

（四）感

人怨归乡居日短，

吾欣故里作东长。

寒烟托梦风回暖，

斜枕迟醒榻映阳。

迎客易挑杯酒绿，

送朋难折柳枝黄。

深知友去天涯远，

含笑凡尘暗断肠。

注：绿酒～形容好酒。

七绝组合

乡情（二首）

（一）思乡

极目秋高雁影长，

又寻旧地水飘香。

一禅共悟方同醒，

半枕孤云梦故乡。

（二）育人

梅晓春林收四季，

状元翰墨染三江。

濠滨夕照红霞岸，

灯点书生月下窗。

（状元：末代状元张謇）

七绝组合

写景（三首）

（一）取景

明收玉映枝边白，
暗送梅芳雪里香。
硕叶均沾春挑韵，
小尖子立燕啾塘。

（二）随景

秋尽残风吹木曲，
春融滴水若弹音。
坦然花鬓霓裳笑，
更喜青苔古径吟。

（三）悟景

天边目染云棉散，

岸上轻飘柳叶香。

不揽秋清篱下菊，

甘随夏抱碧中塘。

七绝组合

荷塘三思（三首）

（一）七绝·矜持

暑入瑶池仲夏炎，
花羞粉黛美人尖。
窗前硕叶罗帘卷，
红杏矜持不出檐。

（二）章台柳·谦让

章台柳-纯洁

池漱叶，青荷洁。玉立婷婷倚裙悦。
出浴芙蓉窈窕颜，近水楼台水中月。

（三）如梦令·诚信

共享莲蓬育子。

斜曳罗裙相倚。

惯看叶花牵，

菡萏从无负义。

知已。知已。

富贵贫寒不弃。

（菡萏：荷花）

五律组合

入乡随俗（二首）

（一）怀念

繁花倚碧葱，

细雨湿苍穹。

肠断思先祖，

心诚拜父翁。

食寒从佛意，

偿胆入梵宫。

圆月时常有，

高悬肺腑中。

（二）放下

夜醒梦回眸，

推窗月似钩。

三框陈旧事，

几件刻心头。

百载期颐寿，

千年不解忧。

随缘天取舍，

闲目静消愁。

七律组合

人到中年（二首）

（一）

莫笑归根各异同，
浅谈绿瘦伴花红。
如今抱子含饴乐，
昔日浮萍望月空。
不断丝丝粗白藕，
已连朵朵小莲蓬。
路人共赏传香火，
最是凡尘福报中。

（二）

烧云一片洒苍穹，

极目天空染月宫。

扣寂晨曦思北斗，

搜奇子夜念东风。

纵横序例天机觅，

络绎迷津密笺攻。

老骥鬓斑还伏枥，

植桃育李夕阳红。

注：1. 扣寂-由思及文

2. 搜奇-收揽人才

3. 老骥-老马

4. 伏枥-伏槽

词三首

如梦令·心情（三首）

（一）清明

岸柳含珠欲诣。

海面鳞波潋滟。

瞳月雾朦朦,

缩影未还又欠。

怀念。怀念。

又是轮回伤感。

（二） 青灯

孤盏青灯深巷。

映月残荷荡漾。

独处倚窗时，

似有蝉声浅唱。

霜降。霜降。

斜枕凡尘长想。

（三） 月影

月影寒枝疏趣。

片忆乡愁无语。

帘卷一窗空，

万点归花如雨。

秋绪。秋绪。

酙满浊醇挥去。

七律组合

咏雨（三首）

（一）梅雨

梅雨千倾压一城，

猛风万籁啸涛声。

院花失色丢妆粉，

庭竹弯腰交互横。

忍湿发垂睛滴水，

踏氤信步目还清。

乡愁应拜雷神响，

此景轻弹岁月筝。

（二）雨后

夏枕苍松梳小月，

塘攻偏舸动香荷。

晚风吹皱瑶池水，

竹扇摇眠梦里歌。

花谢凋零蜂蝶少，

草蘩滋露蚓虫多。

莫嫌梅雨长缠绕，

涛入江中润九河。

（三）湿寒

湿寒岸畔荷花耐，

浅雾书斋复梦来。

不谢隔窗香尽采，

却还高冷雅分栽。

出污好洁枝头艳，

一绽无瑕水上开。

何管蝶蜂春夏扰，

浮生只筑观音台。

注：梅雨季节

长江中、下游，辐射到日本大部分和韩国部分地区（东亚）每年 6、7 月份都会出现持续天阴有雨的气候现象，由于正是江南梅子的成熟期，故称其为"梅雨"，此时段便被称作梅雨季节。如果说"丝绸之路，一路一带"贯穿丝路文化，那么梅雨也有"一带一路"，是连接东亚的"汉文化之路"。

七绝组合

景与情（三首）

（一）谷音

山籁和音邀夏雨，

谷音独奏响春林。

欲求暮野赠神曲，

遍踏云岑胜古琴。

（二）石碑

翰墨功名存石上，

文章才气载诗中。

轮回千古楼空去，

成败春秋任运逢。

（三）寒窗

窗寒十载飞才俊，

耻雪三秋卧榻翁。

含笑梅香铮铁骨，

独薰腊月北风中。

七绝组合

气候（四首）

（一）雪

一阵鸥飞惊静海，

几回浪逐溢长江。

孤飘几片京城雪，

独钓寒丝白玉缸。

（二）霜

团扇迎风清月雅，

银钗暗散桂花香。

翘头何处冰轮在，

低首床前一道霜。

（三）冷

桃红玉白春飞蝶，

根老枝黄雪吐梅。

倘若不经正月冷，

何来十里暗香回。

（四）暖

半宵清月绮飞云，

一水霓虹潋滟氲。

湖暖花红江岸夜，

金樽绿酒向天醺。

七绝组合

民国海归（二人）

（一）胡适（七绝四首）

1. 婚姻

罗袜金莲双足踏，

红缨青帐百珠香。

无才是德行天下，

旧窖陈醇守一方。

注：胡适一生一妻。其妻文盲，与胡适大师虽格格不入，但白头偕老。

2. 海归

枫叶秋风描彩岸，

暮寒春雨削尖荷。

怀兼凤荐笺虽陋，

轩秀凰书气壮河。

注：轩秀～秀丽。

胡适为公派庚款留学生，就读美国康奈尔大学和哈佛大学七年，获博士学位。

3. 高就

公仆兼和追溥畅，

达人力拓赏群芳，

冠为民国学之父，

横跨三栖誉满堂。

注：1. 溥畅～通行无阻，八面玲珑。

2. 就职北大校长，三栖指：研究文学，哲学，教育。是新文化，白话文之父。

4. 影响

西鹤仙风人作古，

南山道骨石新生。

凡尘苦辩说儒论，

清梦文为白话声。

注：《说儒》为胡适的代表作。

（二）徐志摩（七绝三首）

1. 才

墨因狂草泼为雅，

笔倚书香搁亦文。

才子风流飞鹄志，

佳人闺阁落诗君。

2. 恋

萌春失爱期孤夏，

依恋相思悦两秋。

曲水流觞杯伴谷，

清池赏月桂牵愁。

3. 绝

红粉佳人丢却扇，

青壶白月失初心。

康桥一别情何去，

命绝凡尘雾化云。

注：

（1）.徐志摩为民国才子，诗人，任职北大（教授），与胡适（校长）等为"民国海归"，年仅34岁。

（2）.却扇指为新娘陆小曼新婚时遮羞之扇。

（3）.康桥是《再别康桥》是诗人徐志摩的代表作之一。

七绝组合

历史人物（四首）

1. 刘邦

烟聚天边紫气临，

旌旗击鼓定军心。

只因帐里收韩信，

一马平川项羽喑。

注：韩信先反刘帮，后归顺。

2. 弘一法师

萤绕青灯孤独影，

香薰庙宇静禅幽。

悲欣交替凡尘渡，

恣意平生福自求。

注："悲欣交替"为弘一法师圆寂前的绝笔。

3. 岳飞

横向悬空狐月影，

竖飘大漠暮狼烟。

八千里路刀和箭，

一啸胡天策马鞭。

4. 鲁智深

拳狠屠门一线光，
佛修削发五台郎。
替天行道飞禅杖，
圆寂归仙在故乡。

七绝组合

悟道思远（四首）

（一）道义

道教修行佛自拥，
凡尘苦净悟当空。
偏舟一叶随其去，
不管朝西与向东。

（二）侠义

诗花恣意桃园梦，
执剑恩仇血泪书。
刃走江湖行侠义，
锋偏一寸悔如初。

（三）宁静

迟秋夜梦东篱菊，

春晚眠风北岸芦。

仲夏池中荷静叶，

冬初窗外竹宁湖。

（四）致远

枯松远转奇山壁，

张叶遥翩丽水莲。

过眼浮云千万朵，

只留一片在天边。

七绝组合

食瓜（四首）

（一）西瓜

欲凭片手握红峰，

只怨红心育子重。

食到青青如淡水，

还留厚厚一芙蓉。

（二）黄瓜

瘦条几寸遍东篱，

倒挂金钟刺绿皮。

细切柔铺佳丽面，

嚼之清脆酒交颐。

（三）冬瓜

浅妆白粉胖徐娘，

体硕中空外示强。

敢叫千田无寸草，

品偿几口一堆囊。

（四）木瓜

一乘偏舟载雪蛙，

数餐珍品不知夸。

无心侧耳闻其密，

却是蟆油配木瓜。

注：1.雪蛙～东北林蛙。

　　2.蟆油～该蛙的卵巢。

七绝组合

（三十四首）

（一）群鸟栖枝

雨过云烧日落行，

南翔群鸟向霞明。

相逢明月悄登柳，

一夜枝头百日情。

（二）红梅恋雪

玉色枯枝俊岭同，

梅香三九俏花红。

独妍皑雪千松冻，

傲领群芳万蕊丛。

（三） 时过境迁

庭隅一角抱苍穹，
老木新藤几点红。
境过时迁均往事，
花开花落不相同。

（四） 独钓年华

君钓江鲈岂为肴，
消遥冬景赴偏郊。
朝晖涉水追鱼去，
斜日炊烟旧友交。

（五）朽木一叹

已落枯根朽木雕，
毋须啄鸟去虫妖。
只图目染一时叹，
不为流芳万世骄。

（六）弯梅似箭

傲骨铮铮曲似弓，
梅枝挺挺揽冬红。
脱弦一箭香千里，
不媚春风向浦东。

（七）铮骨香梅

十载风霜骨干强，
独芳尽报腊梅黄。
谁言老朽难争艳，
花蕊随风送暗香。

（八）神九飞天

而今皓月一飞登，
神九航天万里澄。
玉兔闻之甘守木，
娥嫦舞袖与其承。

（九）书香之乡

青纱帐里出书郎，
满腹诗文隐墨香。
沐浴一城先尽苦，
十年金榜定为王。

（十）小寒季节

春晓梅林北燕飞，
冬风薄剪月明辉。
柳辞雾雨随摇曳，
只守湖边盼鸭归。

（十一）双鸥戏水

共浴偏湖四翅同，

双鸥戏水两唇红。

渔情与共飘湖去，

心有灵犀一点通。

（十二）心静禅修

水载浮生片叶舟，

天空海阔任君游。

红蓝赤紫黄青白，

尽取其缘枉刻求。

（十三）古松四季

静隐深山坐翠钟，

矜持春夏与秋冬。

横观纹理知迟暮，

纵比英姿日月从。

（十四）竹正曲圆

一尺青杆九里街，

百吹竹笛万音阶。

虚心正直忠于节，

力保终身曲不歪。

（十五）帝都采风

——金陵菊花松茸豆腐汤

私访民间帝饰儒，

松茸赤杞伴脂酥。

无形野菊香长在，

一饮消魂换御厨。

注：脂酥～明代金陵的豆腐别称。

（十六）草堂千古

盛唐叛逆禄山刁，

子美迁居讨乱妖。

诗怒草堂三百首，

文留圣殿尽折腰。

注：禄山：叛军首领安禄山。子美：杜甫，字子美。

（十七）青梅竹马

——昆曲小景素描

梅艳心怡雪吻枝，

竹垂窥视秀才知。

娇行淑女遮香扇，

对目凝眸一笑痴。

（十八）欲踏初雪

柔柔北雪染青林，

片片琼花白玉临。

欲踏无痕初夜皑，

早于鸡唱五更音。

（十九）病理天图

横看成羊竖似墙，

紫装素裹雪花扬。

我祈镜下呈仙景，

带我蓬莱渡吉祥。

（二十）又圆登月梦

人呼神九越苍穹，

云导嫦娥进月宫。

月劝天公重作美，

悟空重上九霄中。

（二一）　夏塘风景

萍浮静水观花岸，

草探瑶池舞翠塘。

鱼影浮游催夏雨，

荷盘蜂蝶揽芳香。

（二二）　无奈工蜂

无论群芳喜与愁，

寻花探蜜不风流。

鞠躬尽瘁一生累，

展翅何曾半日休。

（二三）雄鹰之赞

高翔皑岭我为峰，
低俯平川任一冲。
盖虎骄雄飞远去，
纵横天地制空龙。

（二四）海归心声

两岸之遥勤作舟，
天涯海角德为优。
一方热土家乡起，
故里三归壮志酬。

（二五）苍天食云

蓝天无尽云为岸，
琼雾如纱欲下凡。
银翼双钩糖白露，
隔窗食景亦消馋。

（二六）人生如叶

绿乃青葱涩苦芽，
红为沉淀展芳华。
紫成大贵黄临去，
一叶知秋胜似花。

（二七）烤乳猪

天蓬小帅挂金钟，

三藏高僧乃动容。

虽道徒儿难戒色，

何煎子豕与鸡从。

（二八）龙象争

——云图写生

云碧霞晖幻景生，

强龙飞象九天争。

震鳞腾跃乾坤定，

野兽丢魂足一横。

注：震鳞～龙的别称；野兽～象的别称。

（二九）青山在

苍穹入榻白云静，
红鲤飞空探翰林。
留得青山桃李在，
何忧海澨乏知音。

（三十）宁静致远

松高水秀醉浮萍，
湖静氲氤惑赤蜓。
一岸遥分天水远，
渔人独钓画中宁。

（三一）渡与饮

金丘落海浴余晖，
银艇悠然细浪围。
我愿水中藏酒窖，
随舟载友不思归。

（三二）春雨

近岸青青叶扇摇，
远山绿绿翠龙骄。
湖中点滴春浇雨，
鸭影消遥顺水漂。

（三三）似电刀

云赤垂垂扁似桃，

苍天闪闪电如刀。

曾经往事难回首，

血染年华化海涛。

（三四）入丹青

梅绕飞琼添雅致，

竹清翠叶长贤明。

兰香堂剑依君悦，

一画全收水墨情。

词组合

十六字令·重阳三归

（一）

归。
驾雾观红桂酒随，
茱萸艳，
一笑夕阳回。

（二）

归。
再上高山望日晖，
犹相见，
香菊伴风吹。

（三）

归。

设宴同窗把酒催，

乡愁在，

往事不堪追。

五律组合

（五首）

（一）叶归

翩翩飞叶舞，
脉脉落时临。
随木并无怨，
归根兼孝心。
宽衣无锦缎，
裸奔向丛林。
有幸一茎挂，
秋来绿换金。

（二）禽归

遥离翠树丛，

碾转霭溪东。

石断水相续，

秋连叶更红。

鸠鹰闲啄水，

鸿雁傲翔空。

欲问何州景？

天生木易公。

注：木易公～诗友杨硕之杨的意思。

（三）秋归

茶香润紫壶，

花好沁心湖。

瓷载莲蓉饼，

盘堆小米酥。

三江升皓月，

四海饮屠苏。

欲问与谁共，

婵娟万里呼。

（四）渡回

渡口雨云围，

木窗风式微。

清河经水急，

群鸟不思归。

目望朦胧月，

帘提一竹稀。

银光和冷共，

薄雾湿秋衣。

（五）轮回

红叶挽云舒，

芳莲伴碧庐。

青豌随意曳，

赤藕悦心如。

霭雾拂香木，

涟漪拂赤鱼。

蜓旋莲子果，

孑立影如初。

七律组合

（二首）

（一）古巷静

古巷深长石马消，

木门斜缝野花摇。

街砖记有千行字，

墙角模糊万户谣。

两步三瞧凝旧瓦，

一心一意赏浮雕。

曾经年少求知路，

重返双边白发飘。

（二）呦呦鸣

呦呦长啸鹿低鸣，

傲傲青蒿世上惊。

华夏灵丹名赫赫，

神州妙药誉瞠瞠。

百年诺奖一枝秀，

千裁仙方万户迎。

怀德忠心均载物，

甘来苦尽已天晴。

注：1.呦呦～屠呦呦。2.瞠瞠～令人刮目。

五绝组合

（三首）

（一）云剑

银翼插云浪，

疑为入港湾。

白沙随翅舞，

云剑崭金山。

（二）入云

山遥远古松，

云紫艳阳峰。

隔峪双相望，

都欣彼景浓。

（三）云塔

——巴黎埃菲尔铁塔多次关闭有感

一剑指云霄，

朝霞怒海潮。

万般红与黑，

埃塔在折腰。

词组合

（三首）

（一）天净沙·怀乡

低云白马无缰，

静湖青木芳香。

鸟放高歌傲翔，

少年模样，

独遊人梦思乡。

（二）沁园春·水乡

扬子通城，静卧苏中，纳海收江。

忆纺商兴起，全凭张謇，状元创业，志在家乡。

书院丛丛，雪中送碳，融汇中西祈自强。

思恩泽，后人观美景，源远流长。

一桥天堑飞江，百业劲，苏通联锡常。

感人文半岛，蓝花印布，沈绣通立，华夏遗芳。

处处河流，海风江韵，敢作人先江中狼。

陪来客，顺舟游水路，忘返茫茫。

（三）生查子·醉乡

一围江海锅，香满濠滨岸。蓝梦十樽醇，共叙年华叹。

江平舟落帆，余兴催诗晚。笑断少时愚，往事任遥远。

（蓝梦：江苏名酒"梦之蓝"）

www.ingramcontent.com/pod-product-compliance
Lightning Source LLC
Chambersburg PA
CBHW020246130626
46549CB00005B/2084